rosenheimer
raritäten

Magdalene Mollweide

# Gestickte Miniaturen

## frei gestaltet

rosenheimer

## *Sticherklärung*

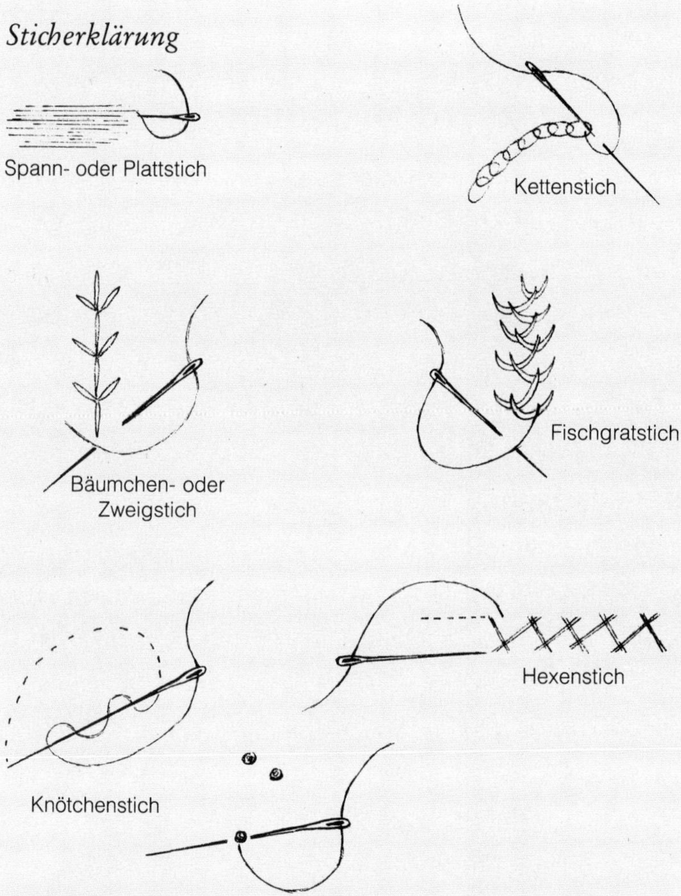

# Inhalt

# Einleitung

Sicher haben die meisten von Ihnen bislang vornehmlich alte Muster nachgestickt. Dies hat eine lange Tradition. Schon sehr früh verzierte man Teile der Kleidung oder der textilen Wohnungsausstattung. Das Sticken entwickelte sich zu einer hohen Kunst, und besonders in der Kreuzstich-Stickerei brachte es die Volkskunst in vielen Ländern und Regionen zu erstaunlichen Werken.

Nun habe ich aber schon vor längerem die Liebe zum freien Sticken entdeckt, also zum Sticken ohne vorgegebene Muster. Sie werden sagen: Sticken ohne Mustervorlage, ohne Anhaltspunkte, sozusagen frei drauflos, dazu habe ich zu wenig Übung.

Ich glaube hingegen, daß jeder, der über ein paar Grundstiche wie Knötchen-, Platt- oder Kettenstich verfügt, frei sticken kann. Mit diesem Büchlein möchte ich Sie dazu ermuntern, geeignete Motive selbst zu (er-)finden. Ich stelle Ihnen einige Motive vor und bin sicher, daß Sie viele weitere Ideen haben werden. Daß gerade Kinder (auch Jungen) eine große Begeisterung für das freie Sticken zeigen, habe ich in Kursen und Workshops immer wieder erfahren. Sie gehen unbekümmert und mit Freude an solche Gestaltungsaufgaben heran, wenn man ihnen nur wenige Stickstiche gezeigt hat und sie etwas Übung im Sticken bekommen haben. Sie sehen es an den Mustern auf der rechten Seite und auf Seite 10 (Kleiderpasse), die unsere Tochter stickte, als sie sieben Jahre alt war. Mit Spann- und Knötchenstich (also mit nur zwei Stichen) stickte sie Bilder, die sie manchmal vorher gemalt hatte. Eine Zeitlang zeichnete sie alle Bäume ähnlich wie

MONA

Pilze oder wie aufgeklappte Regenschirme. Und so stickte sie sie auch. Sie setzte ein gemaltes Bild sozusagen in Stickerei um.
Ähnlich wie meine Tochter gehe ich vor. So kann mich ein Blumenstrauß in einem bäuerlichen Krug zu einem wunderbaren Stickmotiv animieren. Ich fertige dann eine Skizze an und sticke später das kleine Wandbild. Die Natur hält ja ein unerschöpfliches Motivreservoir bereit. Eine einfache Bleistiftskizze oder ein Foto von dem Motiv dient bei der Arbeit zu Hause als Gedächtnisstütze.

Sie sollten aber einen Baum auch einmal ohne jede Vorlage sticken. Dies ist gar nicht schwer, denn ein Baum besteht ja immer aus den gleichen Teilen: Stamm, Äste, Zweige, Blätter, Blüten oder Früchte. Mehr darüber auf den Seiten 48 bis 61.

*Freie Stickerei auf einer Kinderkleidpasse, gestickt von einer Siebenjährigen*

M.G.M.
MOLLWEIDE

Mit der Zeit bekommen Sie bei der Motivsuche ein geschultes Auge. Vieles, was Ihnen bei Beobachtungen in der Natur, bei Wanderungen, Spaziergängen und Reisen auffällt, werden Sie bald mit »Nadel-und-Faden-Augen« sehen. Auch figürliche Darstellungen gelingen Ihnen bald. Die Skifahrer auf dem weißen Schneehintergrund werden Sie reizen oder die Schlittschuhläufer auf dem zugefrorenen See. Sie werden ihre Bewegungen studieren, um sie zunächst als »Strichmännchen« zu skizzieren. Später »malen« Sie sie mit Nadel und Faden auf.
Pflanzen sind sehr einfach zu gestalten, weil man mit Hilfe des Spann- und Knötchenstichs nahezu alle darstellen kann.

In der Textilkunst werden Objekt- und Bildformate bis zu 30 × 30 cm als Miniaturen bezeichnet. Diese kleinen Bilder eignen sich sehr gut für Geschenke. Man kann sich und anderen, die Sinn dafür haben, viel Freude damit bereiten. Ich selbst bin von meinen großen Wandbildern immer kleinformatiger geworden bis hin zum winzigen Bild für den Setzkasten (siehe Seite 3 ) oder die Puppenstuben-Galerie.

*Kränzchenmotiv als Türschild*

Die Mühe und der Aufwand sind gering. Wenn Sie nicht so gute Augen haben, solche Winzigkeiten zu sticken, so gibt es eine Sticklupe, die alles vergrößert. Sie werden sich bald eine ganze Anzahl von Lieblingsmotiven angeeignet haben und (hoffentlich) in ein regelrechtes Stickfieber verfallen wie meine Kursteilnehmerinnen, die mir mit ihrer Begeisterung viel Auftrieb gaben zum ständigen Suchen nach neuen Motiven. Auch Sie werden dann bald Ihr kleines Skizzenbuch dabeihaben, und die kleine Tüte mit Stickzubehör steckt in Ihrer Handtasche. Alle Wartezeiten können Sie stickend überstehen. Viel Spaß dabei!

# Material

Rechts ist alles abgebildet, was Sie zur Herstellung von Miniaturen brauchen: feinfädige Stoffe, Vlieseline für den Untergrund, Sticktwist in allen Farben, Silber- und Goldgarne, Lurexfäden, kleine bis kleinste Perlen, Pailletten, Dekorsteine, dünne Stick- oder Nähnadeln.
Als Stoffe eignen sich am besten Seidenstoffe. Am edelsten ist natürlich reine Seide. Für nicht allzu kleine Miniaturen darf sie auch etwas Struktur haben. Man kann aber auch Kunstseide wie Taft nehmen. Reine Seidenstoffe von Crêpe de Chine bis zur leicht strukturierten Wildseide machen eine kleine Stickerei besonders kostbar. Auch Satin, Batist, feines Leinen und Samt sind geeignet.
Als Garne nehme ich MEZ-Sticktwist in allen Farbschattierungen. Man kann ihn auch mit Stoffarben selbst einfärben, wenn man mehr die »müden« Farben liebt. Lurexgarne in Gold- und Silberfarbe veredeln das Ganze zusätzlich. Noch mehr wird das durch kleine Perlen, Pailletten oder glänzende Dekorsteinchen unterstrichen. Für die ganz kleinen Perlen benötigen Sie eine sehr dünne Näh- oder Sticknadel. Kleine Perlen und Pailletten gibt es jetzt in vielen Fachgeschäften und in den Modewarenabteilungen der Warenhäuser.
Sie fragen nach dem Stickrahmen? Ich verwende ihn nur noch bei größeren Teilen. Meistens aber brauche ich ihn nicht. Mein wichtigstes Hilfsmittel ist Vlieseline, auf die ich in mehreren Lagen (manchmal bis zu vier) die Seidenstücke aufbügele. Dadurch wird der Stickgrund so fest, daß ich ihn mühelos besticken kann, ohne daß er sich verzieht und wellt, worin ja beim

VLIESELINE H 250

nicht gespannten Stoff die Schwierigkeit besteht. Er bleibt mit der aufgebügelten Vlieseline glatt wie beim Spannen auf den Rahmen. Sie können so auch noch das kleinste Stückchen Seide verwenden. Das »rahmenlose Sticken«, wie ich es einmal nennen will, hat den Vorteil, daß Sie Ihr kleines Werkstück in jeder Tasche unterbringen können.

Vlieseline ist ein Vliesstoff, der unter der Bezeichnung H 200 oder H 250 im Handel erhältlich ist (H 200 für sehr dünne Stoffe). Sie kennen Vlieseline sicherlich vom Nähen, wenn Sie Teile der Kleidung fest unterlegen wollen. Vlieseline hat eine beschichtete und eine unbeschichtete Seite. Die beschichtete Seite muß auf den Stoff gelegt und festgebügelt werden (Einstellung des Bügeleisens auf »Wolle«). Vorsicht, die Vlieseline niemals umgekehrt verwenden, sonst klebt die Klebeseite an Ihrem Bügeleisen fest, das sollten Sie auf alle Fälle vermeiden! Falls es trotzdem einmal passiert, ist dies mit ein wenig Kerzenwachs und einem sauberen Lappen zu beheben, besser aber mit einem Spezial-Bügeleisenreiniger (im Fachhandel erhältlich).

Nun werden Sie vielleicht einwenden: Wenn man die Seide aber auf mehrere Lagen Vliesstoff aufbügelt, kann man denn da überhaupt noch ohne Mühe durchstechen? Natürlich ist der Stoff dadurch dicker und fester geworden, sticht sich nicht mehr ganz so leicht durch wie beim unaufgebügelten Stoff. Der Vliesstoff ist aber, wie der Name sagt, ein Vlies, d. h., die Fasern liegen nebeneinander wie beim Filz und sind nicht, wie beim Gewebe, fest miteinander verbunden. Somit sind genügend »Zwischenräume« zum Durchführen der Nadel da.

# Wie ein Kränzchen entsteht

Im folgenden sei beispielhaft der Entstehungsweg einer Miniatur, hier eines ovalen Kränzchens vorgeführt.
Zunächst suche ich einen passenden Bildrahmen, mit dem ich zum Schluß mein kleines Bild einrahmen möchte (hier ein ovales Holzrähmchen, das ich dunkelblau angestrichen haben; Innenmaße 8 × 12 cm). Es ist sehr viel einfacher, ein Bild nach dem Rahmen zu sticken als umgekehrt. Unter Umständen muß man sonst hinterher vom Hintergrundstoff zu viel wegschneiden. Die Größen von Stickerei und Hintergrund lassen sich mit vorgegebenem Rahmen besser bestimmen. Also: Rahmen zuerst besorgen! (Mehr über Rahmen auf den Seiten 68 und 69.)

Ich schneide mir ein rechteckiges Stück hellblaue Seide im Format 12 × 16 cm zu (dieses Maß paßt reichlich in den ovalen Rahmen) einschließlich dreier Lagen Vlieseline in der gleichen Größe wie die Seide. Nacheinander bügele ich die Lagen auf. Jetzt hat der Stoff die Festigkeit, die zum Sticken ohne Stickrahmen notwendig ist.
Der erste Schritt ist die Markierung der äußeren vier Punkte des Ovals mit einem Bleistift in den Abständen 6 × 9 cm, dann weitere vier Punkte (siehe Zeichnung rechte Seite). Diese ersten acht Punkte werden in Knötchenstich (Erklärung der Stiche Seite 6) gestickt. Sie wundern sich sicher, daß die Fäden auf der Rückseite weit gespannt liegen. Die Vlieseline hat ja den Stoff so verfestigt, daß sich die Stickerei auch durch die langen Spannfäden auf

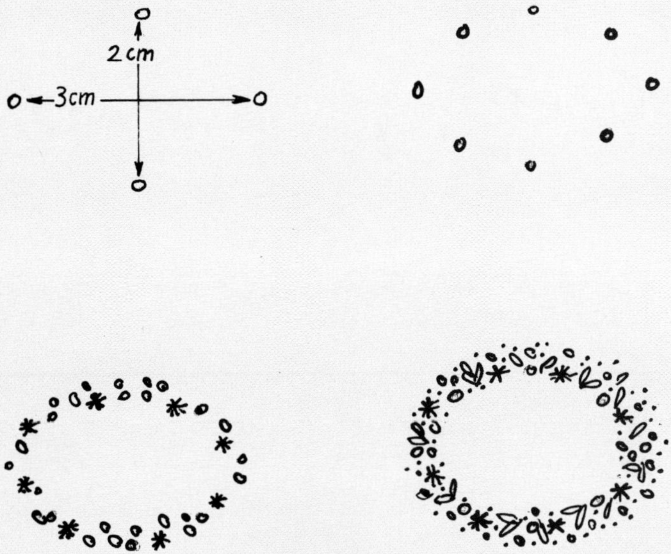


Originalgröße für Brosche 5 × 6 cm

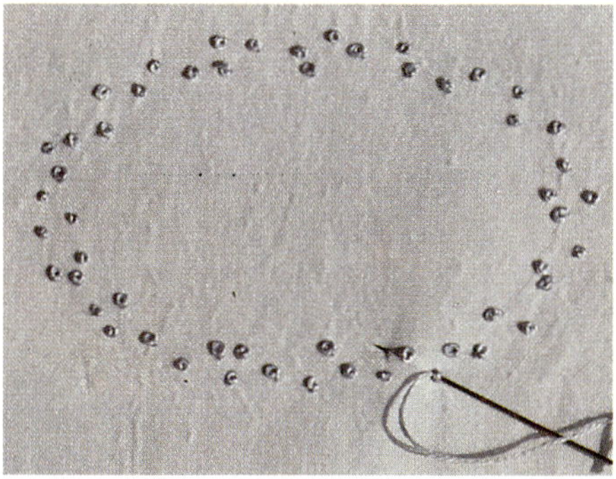

der Rückseite nicht verziehen kann. (Zu Ihrer Beruhigung: Gegen Schluß der Arbeit, vor dem Aufnähen der Perlen und Pailletten, werden alle Fäden auf der Rückseite mit einer zusätzlichen Lage Vlieseline festgebügelt.)
Es folgen weitere Knötchenstich-Ovale. Der Faden ist bei den Anfangsovalen nur einmal geteilt (Dreifachfaden). Twist liegt immer sechsfädig, er kann mit zunehmenden Ovalen weiter geteilt werden. Das »Schleierkraut« wird am Ende mit nur einem Faden gestickt. Manchmal verwende ich dafür auch Nähgarn oder Nähseide, da dieses Garn fester gedreht ist und dadurch das Knötchen noch winziger erscheint.
Der bisher noch einfache Punktekranz wird nun mit jeder Stickrunde mit verschiedenen Stickstichen dichter gefüllt: Blättchenformen auf Kettenstich, kleine Sternchen aus Spannstich. Und immer wieder Knötchen in Dunkelblau, Mittelblau, Hellblau und Weiß. Die Knötchen sollten in Farbgruppen gestickt werden. Es empfiehlt sich, zwischendurch immer einmal überzubügeln.
Nun kann man noch mit Silber- oder Goldgarn, mit Perlen und Pailletten Glanzpunkte setzen. Vielleicht haben Sie Lust, eine Kontrastfarbe, etwa Rot oder Orange, dazuzusetzen. Ich bevorzuge die Ton-in-Ton-Stickereien, wie Sie es auf den Abbildungen sehen.
Sie selbst bestimmen, wann das Kränzchen als fertig anzusehen ist. Vielleicht sehen Sie Ihres schon viel früher als vollendet an, als ich es getan habe. Sie brauchen das kleine Werkstück nur noch in das Rähmchen einzupassen und mit einer Papp-Rückwand zu befestigen. Fertig!

Anna
17. 12. 1974

Mona.
17. 12. 1974

So ist auch unser Türschild (Seite 12) entstanden. Es hängt seit Jahren im Naturholz-Rähmchen draußen an der Haustür. Kränzchen und Namen sind auf einem Wollstoff aufgestickt, also ist es eigentlich gar nicht besonders wetterfest. Es hat trotzdem bisher alle Witterungen unbeschadet überstanden.
Das Kränzchen-Motiv kann in vielfältiger Form gestaltet werden. Die Seiten 24 bis 26 bieten Ihnen weitere Anregungen.
Warum soll ein Kränzchen übrigens nicht einmal auf einem Seiden- oder Samttäschchen erscheinen, als Blickfang beispielsweise auf einem schwarzen Kleid? Wie hübsch das aussieht, sehen Sie auf Seite 18. Sie können ein Blütenkränzchen so klein sticken, daß es in einen Broschen-Rahmen paßt und Sie es an die Bluse stecken können. Bestimmt haben Sie weitere Ideen!

*Blaues Kränzchen auf brauner Wildseide*

# Weitere Beispiele

## *Blumenstrauß*

Was bietet allein der Blumenstrauß für Gestaltungsmöglichkeiten! Man denke nur daran, wie vielfältig Blumen zu Sträußen arrangiert werden können, angefangen vom einfachen Wiesenblumenstrauß in einem bäuerlichen Krug bis zu einem farbenfrohen Biedermeierstrauß mit passenden Bändern.
Ein Strauß besteht aus Stengeln, Blättern und Blüten. Stengel aus Spannstichen, Blätter aus Blatt- oder Kettenstich und Blüten aus Knötchen.
Wenn Sie sich für einen Strauß entschieden haben, gilt es, noch eine Reihe anderer Fragen zu klären: Soll er in einem Gefäß stehen, mit einer Schleife zusammengebunden sein, eine kleine Spitzenmanschette bekommen wie der Biedermeierstrauß? Dann muß die Farbe bestimmt werden. Dazu suche ich einen Hintergrundstoff aus und bügele ihn mehrfach auf. Dann können Sie sich das Stickgarn in passenden Farben zusammenstellen.
Die *Stengel* bestehen aus verschieden langen Spannfäden in unterschiedlichen Grüntönen. Schattenwirkung erzielen Sie, indem Sie hier und da einen braunen Stengel zwischen das dunkle Grün setzen.

Die *Blättchen* können entweder mit Blattstich gestickt werden oder auch einfach aus vielen kleinen Spannstichen schräg zum Stengel (siehe Zeichnung Seite 34).

*Blüten* müssen nicht nur aus Knötchen gebildet werden. Man kann eine größere Blüte auch mit Blättchen wie eine Margerite um einen Knötchen-Mittelpunkt herumsticken oder wie einen Stern. Blüten können auch aus Perlen oder aus runden oder sternförmigen Pailletten bestehen. Schon mit den Knötchen lassen sich verschiedene Blütenformen erzielen, indem man sie in Gruppenform bringt. Dies gilt alles auch für das Motiv Wiese (Seite 36 bis 41).

Das Blütenknötchen kann dick und dünn gestickt werden. Mit dieser einfachen Variation erzielt man schon verschiedenartige Blüten bei einem sehr kleinen Strauß. Die innenstehenden Blüten kann man mit dem Vierfachfaden sticken. Nach außen dürfen sie immer dünner werden, bis zum einfädig locker gestickten Schleierkraut.

Beim Paillettenstrauß setzt man die Pailletten in der Mitte dicht an- oder übereinander, Knötchen dazwischen oder außen daneben. Auch hier nach außen immer feinere Punkte sticken. Das gilt auch für Bäume (siehe Seite 48 bis 61).

*Vier Biedermeiersträuße, vom Anhänger bis zum Wandbild*

Beim Biedermeierstrauß ist folgendes zu beachten: Die kleine Spitzenmanschette (ein sehr schmales Spitzenbändchen oder Teil einer breiten Spitze) habe ich zunächst mit ein paar Nähstichen kreis- oder halbkreisförmig aufgenäht und erst dann mit Stickstichen oder Perlen gefüllt. Um das Sträußchen etwas plastischer erscheinen zu lassen, kann man unter das »Perlenhäufchen« (ganz dünn) ein kleines Polster aus einem kleinen Stück Schaumstoff nähen. Das Polster wird anschließend mit den Perlen verhüllt. Zum Schluß kommen die feinen Schleierkrautpunkte außen herum. Könnten nicht auch ein paar Bändchen herunterhängen wie beim echten Biedermeierstrauß?

*Biedermeiersträuße in verschiedenen Rahmen und als Brosche (Seite 35)*

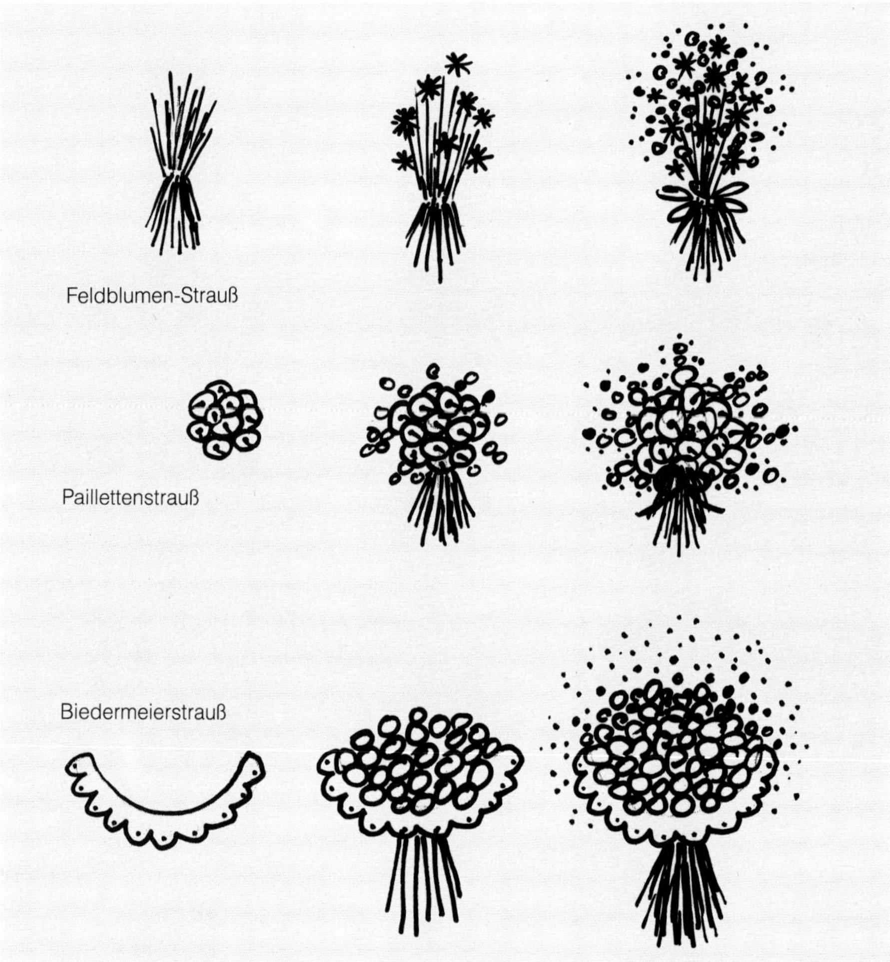
Feldblumen-Strauß
Paillettenstrauß
Biedermeierstrauß

## *Wiese*

Auch die Wiese bietet vielfältige Gestaltungsmöglichkeiten. Man kann sie zum Beispiel von vorne, auf gleicher Höhe mit ihr, sozusagen en face betrachten. Dabei erscheinen Stengel, Blätter und Blüten in loser Form nebeneinander.

Sie können auch aus der Entfernung auf die Wiese schauen und sie als Teil der Landschaft betrachten. Oder wäre es nicht ebenso interessant, eine Wiese mit dem Blick von oben zu sticken? Dabei könnte die Wiese in den Farben verfremdet, ja ins Abstrakte geführt werden, wie die Abbildung auf Seite 39 zeigt.

Oder Sie entscheiden sich gar für eine ganze Waldwiese aus der Vogelperspektive: ein grüner Fleck, umgeben von Bäumen. Oder einen winzigen Ausschnitt wie bei der Brosche auf Seite 38.

*Sommerwiese.*
*Komposition aus verschiedenen Stickstichen*

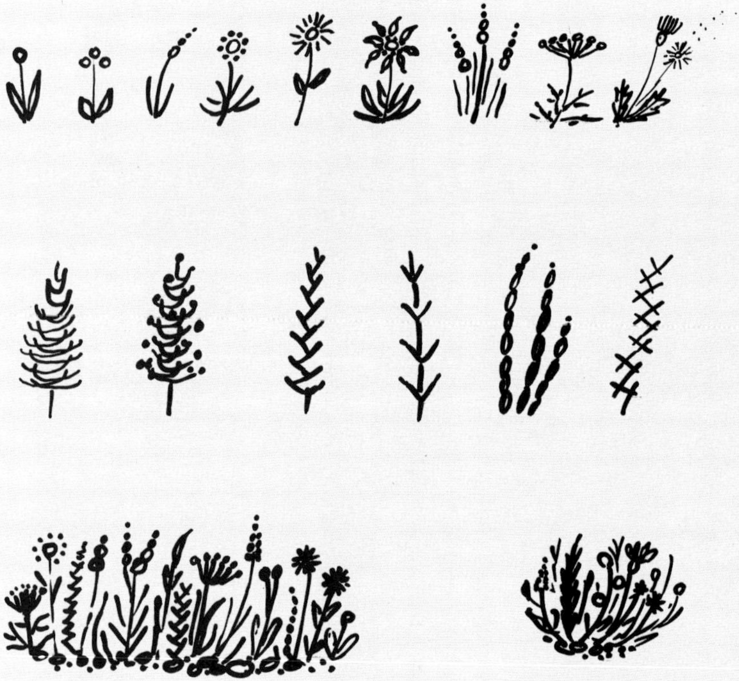

Nun geht es darum, das, was wir sehen oder empfinden, in ein Bild umzusetzen. Jede einzelne Pflanze, Blume, Ranke, jedes Gras soll erkennbar sein. Die zahlreichen Pflanzenmotive erlauben es dann auch, viele verschiedene Stiche anzuwenden, die zu einer Wiese zusammenwachsen: z. B. Bäumchen- oder Zweigstich, Stiel- oder Steppstich, Kettenstich, Hexenstich, Fischgratstich, Spannstich. Sie alle eignen sich zur Darstellung von Blütenstengeln und Gräsern. Sie sollten etwas gebogen gestickt werden, damit nicht jeder Grashalm kerzengerade neben dem anderen steht und alles sehr steif wirkt.
Bei der Gestaltung der Blüten können Sie ganz Ihren Vorlieben nachgehen. Bei mir sind es hauptsächlich Knötchen, einzeln oder in Gruppen gestickt. Auch kleine Blätter können zu Blüten zusammengesetzt werden, ähnlich wie beim Strauß.

Hübsch ist es auch, wenn man mit Perlen zwischen den Grashalmen auf dem Boden Steine andeutet. Oder es glitzern ein paar Tautropfen in Form von Glasperlen zwischen den Halmen. Über der Wiese könnte auch ein Schmetterling oder in der Ferne ein paar Vögel fliegen. Vielleicht lassen Sie zwischen den Gräsern Käfer krabbeln. Diese Zugaben machen aus dem rein Dekorativen etwas Poetisches, es entsteht eine ganze Landschaft.

*Blumenkorb*

Für das Körbchen in Broschengröße habe ich die Maße 1,5 × 2,5 cm genommen (siehe Zeichnung Seite 46). Wenn Sie einen Halbkreis mit kleinen Steppstichen gestickt haben, füllen Sie ihn anschließend mit Platt- und Webstich aus. Mit dem Webstich (das gleiche wie Stopfen) erzielt man ein Flechtmuster, das optisch wie ein Korbgeflecht wirkt. Alle Blumenstengel sind mit langen und kurzen Spannstichen gestickt. Die langen Stengel

können bis zu zwei Zentimeter lang sein. Wenn Sie von links und von rechts die kleinen hinzufügen, halten Sie damit die langen fest.
Die Farbwahl bleibt wie immer ganz Ihnen überlassen. Grundsätzlich werden Sie sich wieder zwischen natürlichen und Phantasiefarben entscheiden müssen; für mich persönlich liegt in der zweiten Möglichkeit der größere Reiz.

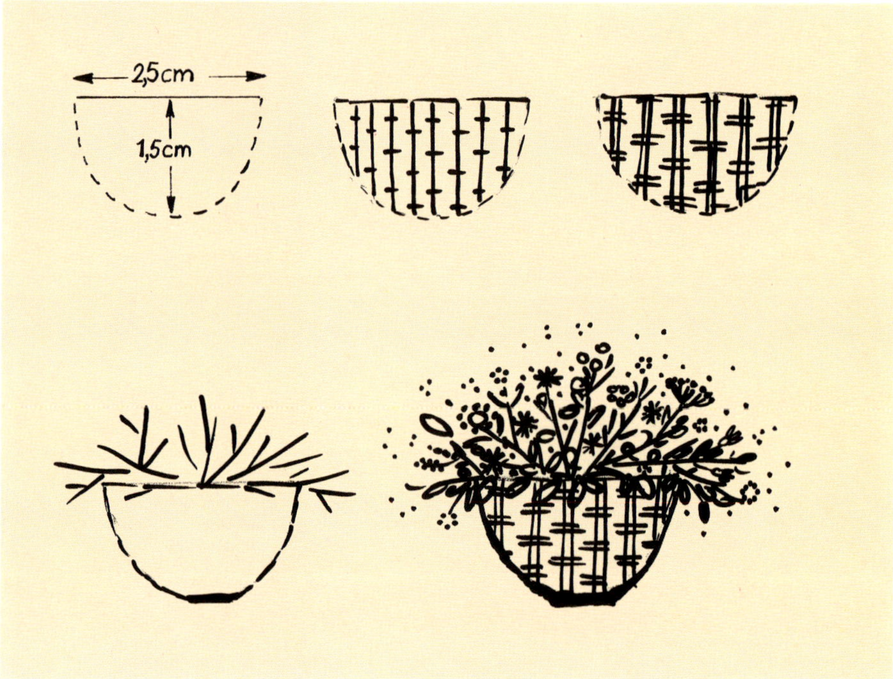


Bei einer Brosche empfiehlt es sich, die Farben zu wählen, die zur Bluse, zum Pulli oder Kleid passen, zu dem sie hauptsächlich getragen werden soll (auf den beiden vorhergehenden Seiten). Zur Technik möchte ich noch folgenden Tip geben: Wenn Sie in ein Körbchen neben Knötchen auch Perlen als Blüten hineinbringen wollen, *vor* dem Aufsetzen der Perlen glattbügeln! Das gilt für alle Stickereien mit Perlen (Perlenkörbchen siehe Seite 44).

## *Bäume*

Bäume sind unendlich mannigfaltig darstellbar. An dieser Stelle seien vier Beispiele exemplarisch behandelt, die lediglich zum Üben und als Anstoß zu weiteren Kreationen gedacht sind.

Für die meisten Baummotive kann man folgenden Arbeitsablauf festlegen: Zuerst den Stamm, dann die langen und dicken Äste, anschließend die dünnen Zweige, Blätter, Früchte und Blüten sticken. In der gleichen Reihenfolge würden Sie vermutlich auch Bäume zeichnen oder malen.

Wir »malen« zuerst den *Stamm* in verschiedenen Brauntönen aus ineinandergestickten Plattstichen. Den Stickfaden kann man selbst bei einem kleinen Baum ruhig drei- oder vierfach nehmen. Dadurch wirkt er voller.

Die *Krone* wächst langsam aus dem Stamm heraus. Die Äste können in langen Spannstichen gestickt werden (Dreifach-, Vierfachfaden, braun). Dann kommen alle kleinen Zweige hinzu (Zweifachfaden in Grüntönen). Die langen Ästefäden werden wieder mit den kurzen Zweigfäden befestigt. Zur äußeren Baumkrone hin sollte der benützte Faden immer dünner werden. Und nun bügeln! Eventuell eine zusätzliche Lage Vlieseline unterbügeln!

Wenn ich einen *Blütenbaum* gestalten möchte, so sticke ich am liebsten die Blüten aus vielen Knötchen. In der Mitte der Krone, in der Nähe des Stammes, setze ich dicke Knötchen (Dreifachgarn), die zum Rand hin dünner auslaufen (wie die Zweige). Die Blütenfarbe ist eine Mischung von Weiß und Rosa, indem ein weißer neben einen rosa Punkt gesetzt wird.

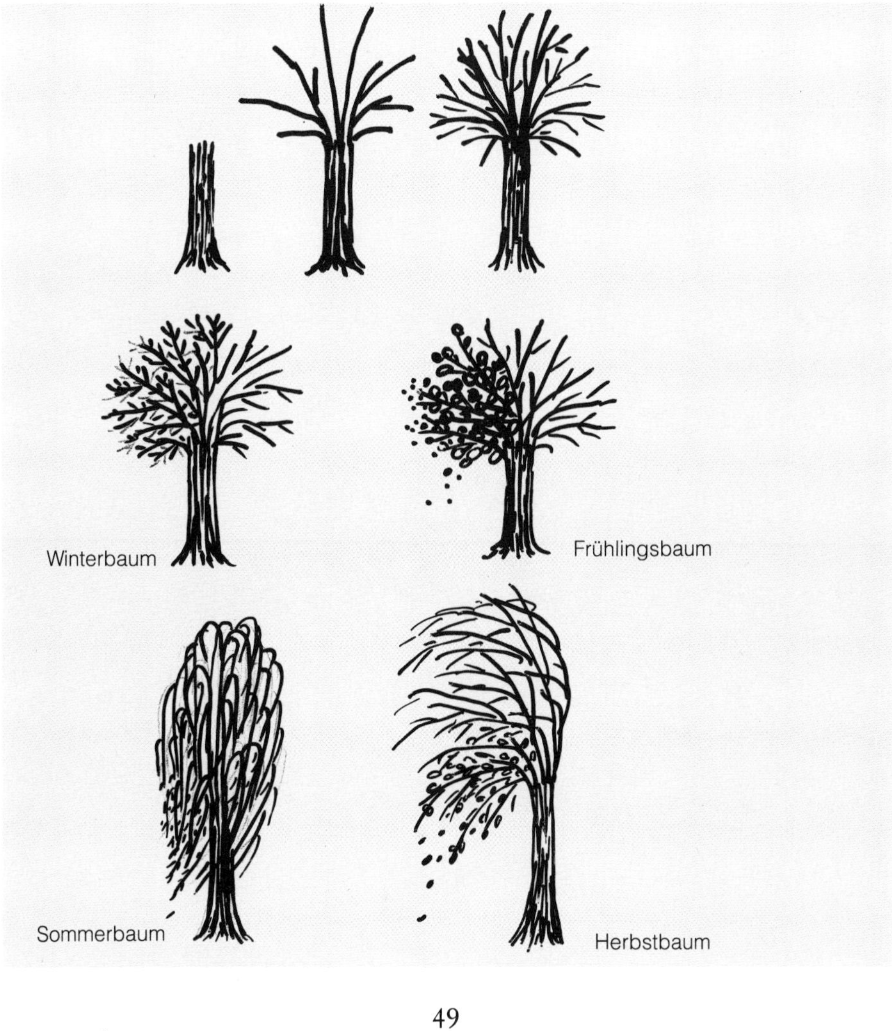
Winterbaum
Frühlingsbaum
Sommerbaum
Herbstbaum

MM

MM

Man kann auch einen weißen und einen rosa Faden in die Nadel einziehen, dann erscheint der Blütenpunkt gemischt. Bei der Krone bevorzuge ich in der Mitte mehr die dunkleren Grüntöne, nach außen hin die helleren.
Für den *Sommerbaum* habe ich eine Trauerweide gewählt, die für mich wegen ihrer lang herunterhängenden, schattenspendenden Zweige der Inbegriff des Sommers ist. Der Stamm wird gestickt wie bei allen anderen Bäumen. Die Äste werden zuerst weit hochgeführt. Sie gehen oben in einem Bogen in die dünnen Zweige über (siehe Zeichnung Seite 49). Die Zweige fallen weit herunter. Der Bogen ist, wie alles Runde, etwas schwierig zu sticken. Man führt ihn am besten in ganz kleinen Steppstichen aus. In den Zweigen lasse ich gerne die Bewegung des ganz leichten Sommerwindes sichtbar werden. Dazu braucht man nur die hauchdünnen Zweigenden in gleicher Richtung auslaufen zu lassen. Die fallenden Zweige sollten in allen Grüntönen gemischt werden, damit sie möglichst lebendig wirken.
Da die Blätter der Weide ja ganz schmal sind, werden sie in dünnen Spannstichen gestickt.
Der *Herbstbaum* kann bereits durch die leichte Neigung seines Stammes etwas vom Sturm ahnen lassen, der ihn bewegt. Aber noch besser bringt man mit den Ästen, Zweigen und Blättern zum Ausdruck, daß der Herbststurm an ihm rüttelt. Sie sehen an der Zeichnung auf Seite 49 und dem Foto auf Seite 52, wie der Sturm sogar Blätter herweht. Die Blätter habe ich in Blattstich gestickt, mit dem man ihnen eine bestimmte Richtung geben kann. Für den Herbstbaum drängen sich die warmen Töne Braun, Orange, Gelb, Olivgrün oder Weinrot auf.

Der *Winterbaum* sollte in großer Ruhe dastehen. Kein Lüftchen regt sich, kein Blatt ist mehr zu sehen. Dadurch treten die Äste und Zweige um so klarer hervor. Das dicht gestickte Geäst und Gezweig wirkt wie eine Grafik mit spitzem Stift gezeichnet. Vielleicht liegt hier und da etwas Schnee auf den schwarzen und grauen Zweigen. Ich habe das Schwarz z. T. mit Nähgarn gestickt, um besonders scharfe Konturen zu bekommen.
Natürlich bietet es sich an, die vier Bäume als Darstellung der vier Jahreszeiten zu einem Bild zusammenzufügen. Man kann aber auch einen einzelnen Baum als fertiges Bild ansehen. Ihn in ein Passepartout eingefügt, hat man eine wertvolle Karte, ein Original zum Verschenken für eine besondere Gelegenheit.
Als Abwandlung des Themas Baum noch ein Beispiel: einen Blütenbaum aus zarter Spitze, verbunden mit Stickerei. Dazu habe ich aus einem Stück Gardinenstoff viele weiße Blüten ausgeschnitten, die ich an den gestickten Ästen und Zweigen befestigt habe. Durch die im Verhältnis viel zu großen Blüten wirkt dieses Bild wie ein naives Gemälde, doch der Wechsel von großen Spitzenblüten und kleinen Knötchenblüten macht den Baum wieder lebendig. Die Knötchen sehen wie Knospen aus, während die Spitze die voll erblühten Blüten darstellt. Die Spitzenblüten wurden nur in der Mitte befestigt, nicht am Rand, was dem Ganzen eine räumliche Wirkung verleiht.

Schließlich möchte ich Sie noch zum Sticken von *Tannenbäumen* anregen, die sich hervorragend für kleine, liebe Weihnachtsgeschenke eignen. Als Farbe macht sich natürlich Grün – vielleicht mit Rot – gut.
Die äußere Form ist ein Dreieck, das mit verschiedenen Stichen gebildet werden kann: mit hin- und hergeführtem Fischgratstich oder mit Bäumchen- oder Zweigstich. Den Kugelschmuck können Sie leicht mit roten oder orangefarbenen Knötchen andeuten. Zu einem vollständigen Weihnachtsbaum wird das Bild erst, wenn Sie eine Kerze auf das Zweigende setzen, mit einem Lurexfaden Lametta sticken und auf die Spitze einen Stern setzen.

*Kleiner, weihnachtlich geschmückter Tannenbaum in Originalgröße*

*Seite 60: Tannenbaum aus verschiedenen, waagrecht verlaufenden Stickstichen*

*Seite 61: Tannenbaum in unregelmäßig ausgeführtem Fischgratstich*

## *Abstrakte Kompositionen*

Für diejenigen, die abstrakte Motive bevorzugen oder es zur Abwechslung auch einmal mit ihnen versuchen möchten, sind die beiden Abbildungen oben und rechts gedacht. Die Broschen mögen Sie dazu ermuntern, hin und wieder reine Phantasiegebilde zu sticken.

## *Landschaften*

Wir können bei unseren kleinen Stickereien noch einen Schritt weitergehen und die Einzelmotive Blumenstrauß, Korb, Kranz und Baum in einen größeren Zusammenhang stellen. Wenn ich den Baum in eine hügelige Wiese stelle (Titelfoto) oder den Fuß des Baumes mit einem Blumenbeet umgebe (siehe Seite 54), so habe ich einen ganzen Landschaftsausschnitt. Zu einer Landschaft kommen wir leicht, indem wir die Stickerei mit einer Applikation verbinden. Applizieren heißt: Stoff auf Stoff nähen. Wir nähen also vor dem Sticken mit der Nähmaschine oder mit kleinen Handstichen auf den Hintergrundstoff ein paar andersfarbige Stoffteile auf (alles auf Vlieseline aufbügeln!). In diese applizierte Landschaft kann man dann Bäume, Häuser, Tiere, Menschen usw. hineinsticken. Jetzt fängt das Bild regelrecht zu erzählen an.
Die Miniaturen rechts und auf der Seite 71 sind aus applizierten Landschaftsteilen entstanden, die mit Stickerei vervollkommnet wurden.

*Komposition aus Applikation und Stickerei*

## *Figürliche Darstellungen*

Haben Sie Gefallen an figürlichen Darstellungen? Mich reizt es, Menschen in Bewegung, etwa einen Skiläufer am Hang oder einen Schlittschuhläufer zu sticken. Es ist nicht schwer, einen Skifahrer zu sticken, viel einfacher, als Sie denken. Der Kopf besteht aus einem Knötchen, Rumpf und Beine bilden ein Zickzack, die Arme »fliegen« vom Körper weg. Zwei Skier kommen als Striche an die Beine, zwei weitere als Skistöcke an die Arme. So einfach ist das! Farbige winzige Pünktchen können Mütze, Handschuhe und Skischuhe andeuten.

Möglicherweise haben Sie aber mehr Spaß an einfachen Tierdarstellungen. Probieren Sie einen Schmetterling, einen kleinen Hund, eine Katze, einen Hasen. Mit ihnen beleben Sie jede Landschaftsstickerei.

# Rahmen

Jedes Bild, soll es richtig wirken, benötigt einen passenden Rahmen. Meine gestickten Miniaturen bewegen sich in der Größe zwischen 2 × 3 bis 20 × 30 cm. Fast alle kleinen Dinge für Setzkasten und Puppenstube sind zugleich Broschen oder Anhänger. Der Fachhandel führt fertige Kleinsträhmchen aus Metall in Silber- oder Goldfarbe als Broschen oder Anhänger mit Rückseite und Broschennadel bzw. Anhängeröse.

Für einige meiner Miniaturen habe ich eigens Holzrähmchen drechseln lassen. Individuelle Holz- oder Echtsilberrahmen steigern noch den Wert der kleinen Stickerei.

Preiswerte Kunststoff- und Holzrähmchen in großer Zahl findet man in Fotogeschäften oder in den Warenhäusern.

Ein kleines Bild gewinnt sehr, wenn es in einen großen Rahmen eingefügt wird. Wenn man das Bild auf einen textilen Untergrund aufnäht, wirkt er wie ein Passepartout. Das Beispiel rechts zeigt zwei verschiedene Möglichkeiten, dasselbe Motiv in ganz verschieden große Rahmen zu stellen. Wirkt das Motiv nicht jeweils ganz anders? Ein großes, ruhiges Passepartout tut einer kleinen Arbeit gut. Fertige Passepartouts können Sie in verschiedenen Formen und Größen, in schönen Pastelltönen mit Umschlägen kaufen. Preiswerter sind aber natürlich selbst Zugeschnittene.

© 1987 ISBN 3-475-52542-9

Dieses Buch erscheint in der Reihe »Rosenheimer Raritäten«
im Rosenheimer Verlagshaus Alfred Förg GmbH & Co. KG, Rosenheim.
Es wurde gesetzt, gedruckt und gebunden
von der Druckerei Kösel GmbH & Co. KG in Kempten.
Die Reproduktionen fertigte das Meraner Reprostudio, Meran.
Die Miniaturen auf den Seiten 64 und 71
stellten Charlotte von Dewitz und Inge von Hayn zur Verfügung,
die Rechte an allen übrigen Miniaturen behält sich die Autorin vor.
Alle Fotos stammen von Gerhard Mollweide.